AF438236

CAMILLE DE FURTH

1871

> « Ce sont deux peuples qui se ruent
> l'un sur l'autre, jusqu'à ce que l'un
> des deux soit anéanti. »
>
> *Gazette de Silésie.*

PARIS

CHEZ TOUS LES LIBRAIRES

ASSOCIATION OUVRIÈRE

IMPRIMERIE NOUVELLE

44, RUE DES JEUNEURS, 44

1871

CAMILLE DE FURTH

1871

> « Ce sont deux peuples qui se ruent
> » l'un sur l'autre, jusqu'à ce que l'un
> » des deux soit anéanti. »
>
> *(Gazette de Silésie.)*

PARIS

ASSOCIATION OUVRIÈRE
IMPRIMERIE NOUVELLE
14, RUE DES JEUNEURS, 14

1871

DU MÊME AUTEUR

—

UN PARISIEN EN ASIE

SOUS PRESSE :

—

LE CŒUR A DROITE

—

LES ISOLÉS

1871

« Ce sont deux peuples qui se ruent
» l'un sur l'autre, jusqu'à ce que l'un
» des deux soit anéanti. »

(Gazette de Silésie.)

Il est certain que les calculs humains, quelles que soient les probabilités sur lesquelles ils ont été basés, se sont trouvés souvent déjoués par des circonstances que les esprits les plus perspicaces ne pouvaient prévoir. Il est évident encore, et mille exemples dans le passé nous le prouvent, que l'édifice le plus laborieusement élevé peut s'écrouler tout à coup, sans que notre intelligence puisse, au premier abord, se rendre un compte bien exact des causes qui ont occasionné l'accident ; rien d'extraordinaire donc à ce que, dans le domaine politique, de semblables faits se produisent.

L'écroulement des empires, l'anéantissement des combinaisons les mieux conçues, des trames les plus délicatement ourdies, aboutissant à néant, ne doivent plus nous étonner, et notre esprit, ou plutôt l'esprit philosophique de la fin du XIXᵉ siècle est, sinon blasé sur ces immenses catastrophes, mais il les considère avec une curiosité exempte de crainte.

Depuis Louis XI jusqu'à Sedan, l'histoire de la civilisation moderne est bien faite pour aguerrir les tempéraments les plus pusillanimes ; une chose remarquable, cependant, surgit de tout cet ensemble, c'est que de ces siècles écoulés, le plus fécond en commotions politiques et sociales est sans contredit celui qui comprend la période s'étendant depuis 1770 jusqu'au centenaire fatal de 1870 ; c'est dans ce cycle, qui commence à la fin du XVIIIᵉ siècle et embrasse les deux tiers du dix-neuvième, qu'il est permis de résumer, non-seulement les faits acquis, mais par cette étude même de préjuger ce que l'avenir réserve à la future civilisation. Il peut être logique en analysant les faits, d'en tirer une déduction et de mettre le doigt sur la vérité de la situation présente. C'est, dans cette étude de l'histoire contemporaine, que l'on peut découvrir le vrai et appliquer sûrement le remède social, aux plaies causées par l'immense cataclysme auquel nous assistons, où, pour employer l'expression si cruellement vraie de l'organe allemand : « *Deux peuples se ruent l'un sur l'autre, jusqu'à ce que l'un des deux soit anéanti !* » Paroles dictées par une haine sans limites, car le fonds en est faux, au moins pour une bonne moitié.

Si l'on se reporte à six mois en arrière, il est une phase politique qui, avant tout, frappe l'imagination, c'est la grande prépondérance acquise par la France depuis 1790, aussi bien en politique, sous quelque forme qu'elle se soit présentée, qu'en art, en littérature et dans son développement scientifique, et c'est précisément de cette supériorité incontestée à laquelle nous devions une sécurité menteuse, qu'est née la situation actuelle.

Imaginons, en effet, une France tourmentée, aux aguets, descendue du rang qu'elle avait toujours occupé, et certainement rien de ce que nous voyons aujourd'hui ne serait arrivé ; la détestable quiétude dont les gouvernements successifs que la France a subis ont fait preuve, aurait fait place, au contraire, à une grande prévoyance, et le désastre de Sedan n'eût jamais existé.

Il était, en effet, facile de l'éviter.

La quantité de renseignements expédiés au gouvernement impérial, qui doit plus spécialement nous occuper, aurait du moins servi à quelque chose, et nous n'aurions pas sottement lancé 160,000 hommes contre trois corps d'armées dont le moindre effectif se composait d'environ 500,000 hommes, suivis eux-mêmes de 500,000 autres soldats.

C'est là justement où l'enseignement est consigné en traits de feu comme le *Mane, Thecel, Phares* de la Bible : la France triomphante, c'était un anéantissement ; la

France abaissée, c'est dans cet abaissement même qu'elle puisera les éléments de sa résurrection et qu'elle doit se représenter au monde dans une majesté plus que jamais éclatante, la majesté du malheur subi avec l'énergie d'un grand peuple qui ne peut pas mourir.

Après le deuxième plébiscite impérial qui jetait une seconde fois la France, inconsciente victime, dans les bras de l'homme qui l'avait bâillonnée, quel spectacle plus étonnamment stupéfiant pouvait être offert aux générations actuelles que celui d'un gouvernement étayé sur plus de sept millions de suffrages ! De quelle force un semblable gouvernement ne se croyait-il pas investi !.., Et voyez, c'est précisément cette puissance factice qui sera le germe de sa déchéance, de même que les succès inouïs, acquis par les forces allemandes, serviront fatalement à l'anéantissement de l'empire teuton.

L'un trouve son aveuglement qui amène sa décomposition, et finalement sa défection, dans le suffrage populaire ; le second rencontrera la même pierre d'achoppement dans le succès inespéré de ses armes : l'un se précipite, sans avoir le sentiment du danger, au-devant de forces dix fois supérieures à celles dont il peut disposer, parce qu'il se croit fort du droit à lui dévolu par des millions de citoyens d'un pays jusqu'alors invaincu ; l'autre poursuit sans trêve ni merci le cours de sa marche, sans souci de la nation qu'il combat, et n'ayant d'autre préoccupation que d'anéantir ces 30,000,000 d'hommes qui lui portent ombrage, ou bien de les asservir.

Spectacle inouï qui, s'il n'est pas unique dans l'histoire, ne pourrait être comparé qu'aux invasions des barbares qui signalèrent d'une façon si sanglante les premiers siècles de l'ère chrétienne.

Parce qu'il a faussé son mandat d'honneur, l'élu du peuple a déjà subi son châtiment par l'une des plus colossales et des plus lourdes des chutes qui se soient jamais vues. Mais attendez! le prince de droit divin ne saurait à son tour éviter une punition non moins terrible ; les rayons du soleil punirent Icare de sa trop grande présomption ; les rayonnements de la civilisation nouvelle qui commence son éclosion, détruiront bien aussi les principes vermoulus sur lesquels s'appuie l'orgueil de Guillaume et le précipiteront dans le tourbillonnement du vieux monde qui s'écroule.

Oui! le vieux monde menace d'un effroyable effondrement, une nouvelle phase est proche ; c'est la règle, c'est l'éternelle logique qui nous le démontre.

Tous les événements s'enchaînent; chaque chose ici-bas suit une ligne tracée et dont elle ne saurait s'écarter sans violer les lois de l'équilibre immuable : les jeunes pousses des arbres remplacent au printemps les vieilles feuilles du dernier automne; ainsi les vieilles doctrines, entachées de caducité, doivent faire place à des idées nouvelles, en accord avec les temps où elles se manifestent. La féodalité, qui avait peut-être sa raison d'être aux âges passés, n'existe plus qu'à l'état légendaire; la république de 92 a promené son niveau égalitaire sur la surface du globe, chacun a subi les effets de cette rénovation dont la république des Etats-Unis n'est encore, malgré sa grandeur, qu'une expresion imparfaite.

Rien ne se recommence.

Les fleuves ne remontent jamais vers leurs sources, et le roi Guillaume n'implantera pas en Europe le droit féodal, le droit divin, le droit d'un seul!

Non, ces principes faux sont morts et ne revivront jamais!

En admettant que par un concours; *inoui de circonstances possibles,...* on arrive encore à les galvaniser, ce ne pourrait être qu'un accident, comme il s'en présente dans tout travail d'enfantement, mais rien de décisif ne saurait sortir de ce fait anormal et les peuples allemands eux-mêmes ne tarderaient pas à en faire prompte justice.

Et c'est ici qu'il faut chercher la raison (car il y en a une), qui a pu déterminer le peuple allemand à commencer cette guerre devenue implacable.

Le gouvernement impérial n'a pas déclaré la guerre à l'Allemagne, il l'a subie; cette vérité, que les faits matériels paraissaient controuver, n'échappe plus à personne.

L'Europe a pu être un instant la dupe de la politique anguleuse et fourbe des ministres d'Etat allemands, mais depuis, la vérité s'est clairement démontrée : les préparatifs exécutés de longue main par la Prusse et les Etats allemands, la politique suivie par la Germanie tout entière depuis Sadowa, sans excepter le motif plus que futile (1), qui détermina la France à sortir si malencontreusement l'épée du fourreau, ainsi que s'exprimait M. de Grammont, tout indiquait le but prémédité et acharné des Germains, enfin en passant, et pour conclure sur ce fait.

Ce fameux prince de Hohenzollern, qui semblait devoir jouer un rôle politique, et qui, après être rentré dans sa boîte, comme les joujoux d'enfants, à la fabrication desquels les Allemands excellent, n'a jamais reparu sur la scène politique, a-t-il fait seulement une manifestation sur un champ de bataille? Nous croyons qu'il ne s'y est jamais présenté.

N'est-ce point là une preuve évidente de la suprême nullité de l'homme dont le nom seul a suffi pour changer la face du monde.

Inutile de faire encore remarquer que le général **Prim**, qui s'était si indignement prêté à cette comédie sanglante, et qui, fort des succès allemands, aurait parfaitement pu prendre le fameux prince pour en faire un roi d'Espagne, ainsi qu'il en avait manifesté l'intention, s'est empressé de se tourner d'un autre côté et de porter son choix sur un prince italien (que Dieu protége !).

Le peuple espagnol a déjà fait justice de cet horrible imposteur, général d'alcôve, qui n'a dû sa fortune qu'à la ruelle et y est mort assassiné.

Toujours est-il que de ce fait est surgi l'un des événements les plus considérables qui signaleront la fin du XIXe siècle, c'est-à-dire la disparition d'un empire et l'une des guerres les plus effroyables qui se soient jamais vues.

---

(1) « *Mit diesem Hurren-Sohn habe ich genug.* »
Telle est la phrase qu'on prétend avoir été dite à un aide-de-camp, devant notre ambassadeur.

Que le peuple allemand ait cru que nous lui avions déclaré les premières hostilités, ceci peut tout au plus être admissible pour une partie peu éclairée de la population ; mais que la grande majorité, qui depuis longtemps donne des preuves non équivoques d'une science, d'une puissance de raisonnement qui n'ont de rivales que chez nous, l'ait cru à son tour, voilà ce que le plus simple bon sens ne saurait admettre. Dans l'esprit de cette seconde partie de la population, il n'y a pas eu doute, mais elle a puissamment aidé les gouvernements allemands en entretenant l'erreur parmi les masses moins intelligentes. Pourquoi a-t-elle agi de la sorte, pourquoi s'est-elle prêtée à ces projets ambitieux, pourquoi a-t-elle fait le jeu de la féodalité de droit divin, de l'autocratie représentée par la Prusse qu'elle hait?... Parce qu'il fallait créer l'unité allemande, parce qu'enfin le sentiment allemand réclamait hautement cette union, et cela, depuis plus d'un quart de siècle, sans que la France semblât ou voulût paraître s'en apercevoir, puisque sa politique s'acharnait de l'empêcher.

Voilà la grande faute de l'empire français ; après avoir combattu pour l'autonomie des races, il s'opposait à la cohésion de la race allemande ; c'était marcher contre sa propre politique, c'était vouloir l'impossible.

Mal lui en prit... Car le premier coup de canon tiré sur la frontière rhénane, saluait ainsi l'aurore de cette unité fatale. Il avait donc fallu un instant pour créer d'une façon indestructible ce que deux siècles peut-être n'eussent pas suffi à édifier. Il n'y a donc pas lieu de s'étonner si, instantanément, et sans se soucier de la politique antérieure, l'Allemagne s'est jetée tout entière dans la lutte contre la France ; pour la première fois, tous les partis étaient rassemblés sous la même bannière : le républicanisme, si fécond dans le pays, donnait la main au chancelier fédéral ; Bismarck était triomphant, et tous d'un *cœur léger*, s'engageaient dans les terribles hasards d'une guerre à outrance.

Et de l'autre côté du Rhin, cette guerre était sainte, on combattait pour une idée, pour un principe ; tandis que de notre côté, nous luttions pour une dynastie perdue déjà dans l'esprit de beaucoup de ceux-là qui jugent sainement la marche des événements et la logique des faits, et que les premiers combats devaient nous faire voir dans l'atroce vérité de sa laideur morale.

Voilà pourquoi il était juste que l'Allemagne nous donnât une leçon ; mais en fait et l'unité allemande consommée, n'ayant plus d'entraves à redouter de notre part, l'Allemagne devait s'arrêter, créer la grande république germanique à côté de nous, et nous laisser libres comme nous la laissions libre.

Voilà ce que quelques esprits allemands, M. Jacoby entre autres, ont bien vite compris ; mais cette conclusion ne pouvait faire l'affaire du roi Guillaume et de ses ministres.

C'est alors qu'exploitant à leur profit l'exaltation que le triomphe avait créée dans l'esprit de leurs soldats, ceux-ci ont dit :

« Non ! ce n'est point assez, c'est l'Alsace et la Lorraine qu'il nous faut, c'est encore la Franche-Comté !... c'est la France démembrée, c'est la ruine qu'il faut semer chez elle, c'est le pillage qu'il faut y organiser, il faut enfin que de jamais le peuple franc ne se relève. »

Et l'Allemagne qui, au début de la guerre, n'avait cherché que son unité ; ce qui était grand, répondit : oui à Guillaume, comme la France avait dit : oui à Napoléon III après le plébiscite, et ce sont ces deux causes dissemblables l'une de l'autre, qui précipiteront les deux hommes dans les mêmes abîmes.

Car un peuple ne meurt pas quand il représente l'idée nouvelle, la civilisation nouvelle, la République enfin, et ce peuple, c'est le peuple français ! Et les Allemands seraient-ils vingt fois plus nombreux, que nos légions les vaincraient encore, parce que, aujourd'hui, la situation a changé de face, et c'est actuellement nous qui combattons pour l'idée et pour la civilisation, c'est-à-dire, pour la marche en avant de l'esprit humain, contre sa rétroactivité.

L'Europe sera-t-elle républicaine ou cosaque ?

Nous répondons nettement que le principe de la démocratie républicaine sortira victorieux de la lutte; pas demain, sans doute, mais quelle que soit l'époque où le fait doit s'accomplir, le terme en est proche, car le panslavisme, pas plus que le pangermanisme ne dictera ses lois aux sociétés modernes.

Et, d'abord, est-on bien assuré que l'accord soit fait entre tous les partis de cette Allemagne qui nous a jeté un défi à outrance? Viennent les revers, et ils commencent déjà, croit-on que le génie républicain de ce peuple ne se réveillera pas plus ardent, plus actif que jamais? A-t-on oublié l'histoire à ce point de ne pas se souvenir que la République, proclamée en 1848 à Munich, à Dresde, à Carlsruhe, à Berlin... à Berlin, où le peuple triomphant força le roi à descendre de son palais et l'obligea à se tenir tête nue, saluant ainsi le cortége des victimes qu'il avait faites. Croit-on que ces vaillants athlètes de la république ont disparu? D'aucuns sont morts peut-être, mais leurs descendants! Les descendants de Robert Blum, le martyr, sont à présent plus nombreux que jamais ils n'ont été. Parcourez les Etats du Sud, le sentiment républicain y est, pour ainsi parler, plus répandu qu'en France; demandez où se rencontrent les principaux, les plus influents membres de cette fameuse *Internationale*, dont le nom seul fait plisser le front des rois, on vous répondra qu'ils sont dispersés dans toute l'Allemagne, se reliant entre eux par des fils si ténus, qu'ils échappent à la vigilance de la plus scrupuleuse des polices autoritaires. Personne ne croira que ces hommes ont, du jour au lendemain, fait abnégation des principes qui avaient été l'objet de toute leur vie, et ce n'est pas que nous sachions, pour satisfaire le vain orgueil et l'ambition creuse des têtes couronnées, qu'ils ont consacré leur existence aux études ardues des problémes sociaux.

L'unité' allemande entrait dans leurs vues, soit! mais l'unité allemande est un fait accompli et nul ne songe à la défaire, surtout la France qui n'y a plus d'intérêt.

Que le peuple allemand, qui ne tardera pas à voir la situation telle qu'elle est réellement, et non telle que leur empereur sénile veut la leur faire accepter, sache bien que la France ne fera pas de représailles ; elle est magnanime, elle est noble, elle l'a toujours prouvé ; elle combat pour une idée qui est l'idée républicaine, et, lorsqu'elle aura repoussé l'invasion jusqu'à ses frontières, elle dira aux Allemands : Assez de sang versé, imitez-nous, voilà tout ce que nous vous demandons, et cette réciprocité, elle aura le droit de l'exiger, car si elle ne le faisait pas, la France manquerait à sa mission.

Mais sera-t-il nécessaire d'imposer ces conditions? Nous ne le croyons pas.

A-t-on songé quelquefois à ce que sera ce retour de la grande armée allemande vers son pays? S'est-on demandé ce que deviendra Frédéric-Wilhelm, empereur de toutes les Allemagnes, quand les pères viendront lui crier :

— Empereur, qu'as-tu fait de nos fils? Quand quatre cent mille mères et veuves viendront lui dire : Roi, qu'as-tu fait de nos enfants et de nos maris? Enfin quand des millions d'orphelins viendront lui demander compte du sang de leurs pères? A-t-on songé aux maudissements qui s'élèveront de toutes ces bouches et salueront son passage!!!

Huit cent mille combattants auront été vomis par l'Allemagne ; combien reverront leurs villes, leurs hameaux, les lieux aimés de leur enfance, l'endroit où ils s'étaient créés les joies douces de la famille? A-t-on aussi songé combien l'Alsace et la Lorraine, ces deux provinces si acilement envahies, vont devenir difficiles et dangereuses à traverser quand viendra l'heure de la retraite?

Cela fait frémir!... surtout quand on pense que tout ce sang versé, ces désastres sans nombre et sans nom, ont eu pour cause la satisfaction ambitieuse d'un seul homme qui, dans son orgueil immense, s'est cru follement l'apôtre de Dieu, comme si l'Être Éternel choisissait ses apôtres parmi ceux dont les fumées du vin ont fini d'ébranler un cerveau plus que sexagénaire, et tombé dans l'imbécillité!!!

Non, l'esprit ne peut admettre que dans des circonstances aussi profondément douloureuses, la vérité ne surgisse éclatante et formidable, après une semblable hécatombe, aussi monstrueuse qu'aucune de celles dont furent témoins les siècles passés, il n'y a plus, il ne peut plus y avoir de place pour un Maître des peuples ; la seule forme de gouvernement désormais possible, celle qui doit assurer désormais la sécurité de l'avenir des nations, c'est et ce sera la RÉPUBLIQUE.

Ou républicaine ou cosaque !

De toute évidence, on conçoit bien que la dernière proposition est impossible dans son application. L'Europe ne peut être cosaque, car l'Allemagne républicaine entraîne dans le mouvement l'empire d'Autriche, dont une bonne partie déjà a depuis longtemps fait cause commune avec la révolution.

Reste le panslavisme ; nous ne nions pas que cette question a son importance, mais elle n'est pas insoluble.

En Russie, il y a eu de tout temps deux partis bien distincts : le parti allemand et le parti français, c'est-à-dire l'aspiration vers le progrès et la ténacité pour le *statu quo ;* il en existe bien un troisième, mais de celui-là il n'en a jamais été question, quoique ce soit le plus nombreux et le seul avec lequel il faille vraiment compter, c'est le *parti russe.*

Tantôt la Russie a été dans les mains d'une direction allemande, comme sous Nicolas ; tantôt entre celles d'une prépondérance française, comme sous Alexandre ; mais quant au principe russe lui-même, il ne pesa d'aucun poids dans la balance.

Il faudrait cependant bien comprendre qu'en Russie on entend, par parti allemand et parti français, celui qui préconise plus spécialement, ou les idées allemandes ou les idées françaises, et c'est tout. Or, le jour où la Russie sera cernée de tous côtés par des Etats en république, quand enfin, les Etats-Unis d'Europe seront constitués, que peut devenir la Russie, alors que le parti allemand qui combattait les tendances trop libérales de l'esprit français sera devenu impuissant ?

Le parti dont on ne parle jamais, et qui constitue la grande majorité de la nation, le parti russe, interviendra selon toute probabilité et prendra à son tour les rênes du gouvernement.

Oh! ce jour-là sera un jour mémorable entre tous, car s'il exista jamais un peuple qui eût un compte terrible à demander à ses gouvernants aussi bien qu'à son aristocratie, sous le joug de laquelle elle vécut pour toujours souffrir, certes, c'est celui-là. Questionnez le moindre moujik et écoutez ce qu'il vous répondra et vous resterez effrayé! Pour nous en rendre compte et ne pas supposer ici d'exagération, il faut se souvenir de la dernière assemblée des membres de l'*Internationale* à Genève; pendant le cours de cette réunion, les représentants russes se montrèrent tellement radicaux sur toutes les questions discutées, que les Français eux-mêmes furent obligés de se séparer d'eux et, à coup sûr, ceux qui nous représentaient ne pouvaient être suspects de tiédeur républicaine.

Le panslavisme ne nous envahira pas, soyons sans crainte, ou, s'il nous envahissait, ce qui est encore possible dans le sens que nous allons indiquer, ce serait plutôt pour nous apporter la révolution sociale qui est dans les flancs de la république universelle.

Dans une nomenclature de cet ordre, et pour arriver à la constitution définitive des *États-Unis d'Europe*, qui sont la résultante inévitable de cette immense tuerie d'hommes, où deux des peuples les plus puissants du monde se ruent l'un sur l'autre, jusqu'à complet anéantissement de leur gouvernement et non pas de leurs génies propres, car, nous l'avons dit, le génie des peuples ne peut mourir, quoiqu'en dise M. de Bismarck qui, à tout prendre, est plus facile à sacrifier que deux nations de plus de 36 millions d'âmes chacune.

Il nous reste à examiner l'attitude qu'auraient, ou que pourraient avoir les races latines; de ce côté, la tâche n'est pas difficile : l'Espagne a été la première à se jeter dans le mouvement révolutionnaire, et ce n'est pas le prince Amédée, qui pourrait bien avant peu partager le sort de cet autre martyr des rois, qui fut Maximilien, qui arrêtera le républicanisme espagnol; le triomphe de la France suffira amplement à provoquer dans la Péninsule une revanche de la trahison dont elle vient d'être la victime.

Quant à l'Italie? Le grand citoyen qui est venu nous prêter le fraternel concours de sa popularité, avec trente mille républicains de tous les pays, et qui s'en retournera dans sa patrie, avec ses légions grossies et victorieuses, aura acquis une nouvelle et plus redoutable notoriété, qui lui permettra d'asseoir sur des bases, cette fois solides, la république italienne, et cela, sans qu'une seule goutte du sang précieux de l'humanité, ait besoin d'être versée, car le bon sens se refuse à admettre que l'armée, sous les ordres du roi Victor-Emmanuel, accepterait une lutte insensée, en face d'une succession de faits aussi concluants et aussi colossaux.....

De l'autre côté du détroit de la Manche, s'agite encore, au milieu de l'Océan, la vieille Angleterre :

« Il y a des moments où l'on est heureux de demeurer dans une île, » disait un Anglais, après nos désastres de Sedan.

Cette phrase qui dépeint l'Angleterre et les Anglais, bien mieux qu'on ne pourrait le croire, n'empêchera pourtant pas la révolution de venir s'implanter au centre même de ce pays, qui d'ailleurs, n'en serait pas à son coup d'essai; il faut se souvenir de Cromwell et de Charles Ier.

Demandez plutôt à l'Irlande, qui n'attend qu'un signal heureux pour se jeter à corps perdu dans le mouvement; demandez aux apôtres du fenianisme, au peuple anglais, à la *mob*, à la populace enfin, comme disait M. de Bismarck, car, s'il en existe une, c'est bien là qu'il faut l'aller chercher et non pas en France, pays égalitaire par excellence et qui, par ce fait seul exclut toute idée de populace; demandez, disons-nous, au peuple d'Angleterre, le bilan du compte qu'il présente tous les ans à l'aristocratie anglaise, et vous vous convaincrez que les deux îles qui composent le Royaume-Uni, sont le véritable berceau, avec la Russie, de la révolution sociale; ce sont les trois nids d'où elle surgira tout à coup, et comme Pallas, armée de pied en cap, car tout est prévu et il ne faut qu'un choc, produisant une seule étincelle pour que l'Angleterre s'enflamme aux quatre coins, et ce jour-là, le même Anglais qui se trouvait heureux d'être dans une île, viendra demander un refuge à la France hospitalière, car ce sera le seul pays peut-être où la révolution sociale pourra s'accomplir sans trop de secousses, préparé qu'il est par l'esprit de sa population, par son éducation politique et par la douloureuse épreuve qu'il vient de subir.

Épreuve terrible, mais qui a contribué à nous apprendre le mépris des luxes impertinents et l'amour de notre semblable, l'arc fatal du mouvement immense vers lequel nous convergeons.

Les grandes commotions, aussi bien dans l'ordre naturel que dans l'ordre moral, ont toujours été la suite de profonds déchirements dans un ordre de choses établi et que l'on pouvait croire inamovible, par erreur, car le mouvement est dans tout et d'essence éternelle, c'est ainsi que là où était la plaine surgit parfois la montagne après un tremblement de terre, et *vice versa*; c'est ainsi qu'après que ces deux grands peuples, qui s'appellent la France et l'Allemagne, se seront étreints corps à corps, jusqu'à ce que l'un des deux soit étouffé sous les efforts de l'autre, selon la pittoresque devise des gouvernants allemands, que surgira la République dans toute son universalité.

Quelques années avant la période de l'ère chrétienne, quand s'effondrait le paganisme, les secousses furent bien plus terribles encore; un homme, un seul, un philosophe, un chercheur infatigable, un penseur profond, représentant, ou plutôt symbolisant l'idée nouvelle, aidé de douze autres hommes ayant l'ardente croyance à de meilleurs avenirs pour l'humanité, créa la religion chrétienne qui ensevelit le culte de l'Olympe sous ses propres ruines; puis, poursuivi, traqué, et livré à ses ennemis, il fut condamné et mourut du supplice des infâmes. L'homme était mort, sa tâche accomplie, mais le principe subsistait rendu plus vivace par le sang répandu ; la révolution sociale se faisait, et malgré les efforts suprêmes de ceux qui voulaient en empêcher l'expansion, tout s'écroulait de ce qui était vermoulu, pour faire une plus large place au germe nouveau et fécond.

Aujourd'hui, une autre cohésion de faits semblables se produit ; à dix-huit cent soixante-dix ans de distance une révolution naît, assistant à l'agonie d'une religion. De même que le paganisme, le catholicisme s'efface peu à peu, qui pourrait en douter ? Le pape, cette représentation du Dieu Christ sur la terre, n'existe plus que de nom, et dans le catholicisme, composé de plus de *cent cinquante millions* d'êtres, à peine un cri, une protestation se sont élevés, c'est l'effondrement, c'est la fin de ce qui était pour laisser la place à ce qui va être ; il n'en pouvait être autrement.

Mais aujourd'hui, au XIXᵉ siècle, un homme, fût-il aidé par douze autres, en les supposant animés d'une commune ardeur, ne composeraient qu'un trop modeste aréopage pour enseigner une idée ; le monde n'est plus ce qu'il était alors.

A l'époque actuelle c'est un pays tout entier qui sera l'apôtre nouveau, ce pays, c'est la France et c'est son peuple, tout entier debout, lui aussi les armes à la main, prêt à mourir, qui représentera les martyrs de la religion future, LA RÉVOLUTION SOCIALE, laquelle se fera malgré toi, contre toi, avec toi ou sans toi, empereur « Tibère Guillaume. »

CAMILLE DE FURTH.

N. B. Il est entendu que ce qui précède n'est qu'un simple sommaire que nous soumettons au lecteur, avec la croyance que ce ne sera pas un grain inutilement jeté sur le terrain fécond de la pensée. Là s'était bornée notre intention et nous espérons qu'elle sera comprise.

Paris.—Imp. Nouv. (Assoc. ouvrière), 11, rue des Jeûneurs. G. Masquin et Cᵒ.